しらべてまとめる

まちとくらしの
うつりかわり

③水道、ゴミ処理、消防ほ

監修：澤井陽介　国士舘大学教授

明治

昭和

昭和

平成

汐文社

はじめに

　みなさんは自分たちの住んでいるまちの歴史(昔のこと)をしらべたことがありますか。今、みなさんが当たり前のようにくらすことができているのは、多くの人の努力によって、まちがかわってきたからです。

　この本では、「まちを支えるしくみのうつりかわり」について水道、ゴミ、消防などを絵と写真で紹介していきます。うつりかわりとは、「だんだんとかわってきた様子」を表す言葉です。

　みなさんは社会科の授業で実際にくらすまち(市、町、村)のことを学習します。市、町、村は日本全国に数え切れないほどあり、それぞれにまったく様子が違っています。

　「自分たちの住んでいるまち(市、町、村)では、このことはどうだろうか」などとしらべたり、まとめたりするときに、この本を参考にしてほしいと思います。

　まちを支えるしくみのうつりかわりを学習すると、きっとみなさんは自分たちの住んでいるまちのことがもっと好きになると思います。まちでくらす人々に感謝の気持ちをもつようになると思います。

　そして、自分たちもこのまちの一員だという気持ちで、これからの「よりよいまち」を考えるようになってほしいと願っています。

国士舘大学　澤井 陽介

そのページで取り上げるテーマに関するグラフです。グラフからどんなことがわかるか考えてみましょう

そのページで取り上げるテーマに対して、自分たちにできることは何か考えてみましょう

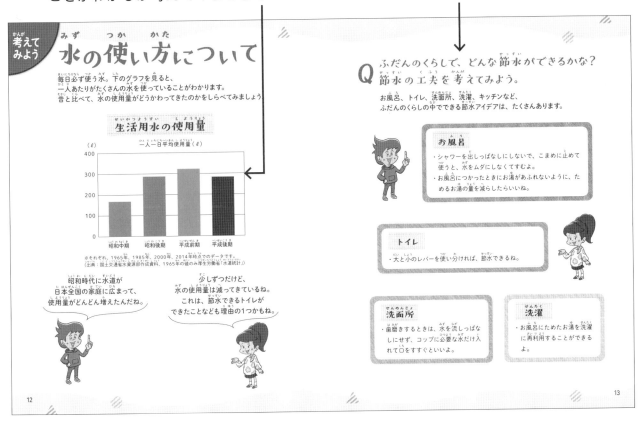

水の使い方について

毎日必ず使う水。下のグラフを見ると、
一人あたりがたくさんの水を使っていることがわかります。
昔と比べて、水の使用量がどうかわってきたのかをしらべてみましょう

生活用水の使用量

一人一日平均使用量（ℓ）

（ℓ）
400
300
200
100
0

昭和中期　昭和後期　平成前期　平成後期

※それぞれ、1965年、1985年、2000年、2014年時点でのデータです。
（出典：国土交通省水資源部作成資料、1965年の値のみ厚生労働省「水道統計」）

昭和時代に水道が
日本全国の家庭に広まって、
使用量がどんどん増えたんだね。

少しずつだけど、
水の使用量は減ってきているね。
これは、節水できるトイレが
できたことなども理由の1つかもね。

Q ふだんのくらしで、どんな節水ができるかな？
節水の工夫を考えてみよう。

お風呂、トイレ、洗面所、洗濯、キッチンなど、
ふだんのくらしの中でできる節水アイデアは、たくさんあります。

お風呂
・シャワーを出しっぱなしにしないで、こまめに止めて
　使うと、水をムダにしなくてすむよ。
・お風呂につかったときにお湯があふれないように、た
　めるお湯の量を減らしたらいいね。

トイレ
・大と小のレバーを使い分ければ、節水できるね。

洗面所
・歯磨きするときは、水を流しっぱな
　しにせず、コップに必要な水だけ入
　れて口をすすぐといいよ。

洗濯
・お風呂にためたお湯を洗濯
　に再利用することができる
　よ。

まちを支えるしくみのうつり　かわりをまとめてみよう

まとめることがら　　　時代	明治・大正時代	昭和時代	平成・令和時代
電気 のうつりかわり	電気が日本にやってきた。まちの電灯を見にたくさんの人が銀座を訪れた。	テレビや洗濯機、掃除機など、電化製品が各家庭で使われるようになった。	ソーラーパネルがついた家が登場し、自宅で発電できるようになっている。
ゴミ処理 のうつりかわり	木でできた塵芥箱というふた付きのゴミ箱にゴミを捨てていた。	燃やせないゴミや、燃やしたあとの灰を埋めていた。	技術が進歩したことで、それまで燃やせなかったゴミを燃やせるようになった。
まとめ わかったこと、気づいたこと	・電気がなかった時代の生活がどんな感じだったのかが気になる。 ・はじめて電気を見た人々は、かなり驚いたと思う。	・テレビがなかったときは、どうやって家で過ごしていたんだろう。 ・自分の家の近くにも埋め立て地があるかしらべてみたい。	・自分の家で電気がつくれたら、停電したときも安心だと思う。 ・ソーラーパネルの他にどんな発電方法があるのかしらべてみたい。 ・ゴミが減るように努力していてすごい。

この本でわかったことなどを、
年表にまとめよう。
年表の用紙は、
この本のおわりにあるよ

目次

はじめに ……………………………………………… 2

まちを支えるしくみはどうかわっていったのだろう？ …… 4

水
みず

水の入手方法のうつりかわり ………………………… 6
みず　にゅうしゅほうほう

農業で使う水のうつりかわり ………………………… 8
のうぎょう　つか　みず

工業で使う水のうつりかわり ………………………… 9
こうぎょう　つか　みず

下水
げすい

下水処理のうつりかわり ……………………………… 10
げすいしょり

考えてみよう 水の使い方について ………………… 12
かんが　　　　みず　つか　かた

電気
でんき

電気のうつりかわり …………………………………… 14
でんき

ガス

ガスのうつりかわり …………………………………… 16

考えてみよう 電気やガスについて ………………… 18
かんが　　　　でんき

ゴミ

ゴミ処理のうつりかわり ……………………………… 20
しょり

リサイクルのうつりかわり …………………………… 22

考えてみよう ゴミについて ………………………… 24
かんが

警察
けいさつ

警察のうつりかわり …………………………………… 26
けいさつ

消防
しょうぼう

消防のうつりかわり …………………………………… 28
しょうぼう

防災
ぼうさい

水害対策のうつりかわり ……………………………… 30
すいがいたいさく

地震対策のうつりかわり ……………………………… 32
じしんたいさく

考えてみよう 防災について ………………………… 34
かんが　　　　ぼうさい

まとめてみよう

年表の書き方 …………………………………………… 36
ねんぴょう　か　かた

まちを支えるしくみのうつりかわりをまとめてみよう … 38
ささ

まちを支えるしくみはどうかわっていったのだろう？

水

電気

水道や電気、ガスなど、私たちのまちのしくみは時代によって大きくかわってきました。みなさんのおじいさんやおばあさん、お父さんやお母さんが子どもだったころのまちのしくみは、どんな感じだったのでしょう。

水の入手方法のうつりかわり

奈良時代〜

井戸のはじまり

地下を深くまで掘り、地下水をくみ上げるしくみ。井戸からくんだ水は、家の中に運び、大切に使いました。

明治時代

水道が登場

まちにみんなで使う水道ができました。水道の完成で伝染病が減りました。

重労働だった水を運ぶ仕事

川や井戸から重い水を運ぶのは大変な仕事でした。汚れた水を飲む人も多く、コレラや赤痢などの伝染病がはやりました。水を運ぶのは、子どもの仕事になることもありました。

昭和
時代〜

平成
時代〜

水道が各家庭に

昭和初期から水道をひく家が増えはじめましたが、ほぼすべての家で水道を使うようになったのは昭和後期のことです。

「水は買う」時代に

日本の水道水はとても安全ですが、平成時代になると、ミネラルウォーターとよばれるおいしい飲み水を買う人が増えました。

水道の水は
どこから来る？

　私たちが使う水は、浄水場という施設から水道を通って、送られます。浄水場では、川の水を消毒し、きれいな水をつくっています。
　世界で水道の水をそのまま飲めるのは、わずか10か国ほど。浄水場のおかげで、日本の水は安全なのです。

農業で使う水のうつりかわり

～江戸時代

手づくりの農業用水路

用水路とは、田んぼに水をひくための道のことです。農作業の合間に手作業でつくりました。

昭和時代

農業用水があまるように

ダムができたため、現在では、簡単に水を田畑に流せます。しかし、田畑が減ってきて、農業用水があまるようになりました。

米づくりを支える水

　農業は、昔から日本人のくらしを支えてきました。日本で使う水の半分以上は農業用水です。

　中でも、水をはった田んぼで稲を育てる米づくりには、雨水だけではたりず、たくさんの水が必要です。

工業で使う水のうつりかわり

昭和時代

病気の原因になった工業用水

昭和時代、工場で出た汚い水を、そのまま海や川に流してしまい、それが原因で病気になってしまう人がいました。

平成時代

リサイクルされる工業用水

技術が発達し、工場の中で水をきれいにできるようになりました。水を大切にリサイクルして、何度も使います。

工業用水の半分は川や地下の水

　工場で機械を冷やしたり部品を洗ったりするのに使われる水を工業用水といいます。

　工業用水は、飲み水ほどきれいでなくてもいいので、半分は水道水ではなく地下水や川の水が使われています。

　工業用水の使用量は減ってきていて、農業や生活で使う水に比べ、節水が進んでいます。

下水処理のうつりかわり
_{げすいしょり}

江戸
_{えど}
時代
_{じだい}

肥友 信持るやきょ

昭和
_{しょうわ}
時代
_{じだい}

▌し尿は畑の肥料に▌
_{にょう} _{はたけ} _{ひりょう}

江戸時代、人々のうんちやおしっこ（し
_{えどじだい} _{ひとびと}
尿）は、こえだめという穴や大きな水がめ
_{にょう} _{あな} _{おお} _{みず}
に入れられ、畑の肥料に使われました。
_い _{はたけ} _{ひりょう} _{つか}

▌バキュームカーが来る▌
_く

各家庭のトイレにたまったうんちやおしっ
_{かくかてい}
こを、バキュームカーというトラックでく
み上げてまわっていました。
_あ

リサイクルされたうんちやおしっこ

農家ではくみ取ったし尿を
_{のうか} _と _{にょう}
畑の肥料にしていました。こ
_{はたけ} _{ひりょう}
れはなんでもリサイクルする
江戸時代の人の知恵です。
_{えどじだい} _{ひと} _{ちえ}
し尿を畑にまくときは、お
_{にょう} _{はたけ}
けやひしゃくのほかに、牛を
_{うし}
使いました。牛は農業の大切
_{つか} _{うし} _{のうぎょう} _{たいせつ}
な仲間だったのです。
_{なかま}

昭和時代

平成時代

水洗トイレが広まる

便器に水道がつながった水洗トイレが広まり、それまでよりも安全で清潔になりました。

快適なトイレのために

自動で水が流れたり、便座があたたかくなったり、節水機能がついたりと、トイレの性能はどんどんよくなってきています。

提供：成田国際空港株式会社

トイレ環境が整った日本

日本は、世界中でもかなり下水処理が発達した国です。世界には、紙をトイレに流せない国も、水洗トイレではない国もあります。

国中どこへ行っても、きれいなトイレがあるのは、めずらしいことなのです。

水の使い方について

毎日必ず使う水。下のグラフを見ると、
一人あたりがたくさんの水を使っていることがわかります。
昔と比べて、水の使用量がどうかわってきたのかをしらべてみましょう。

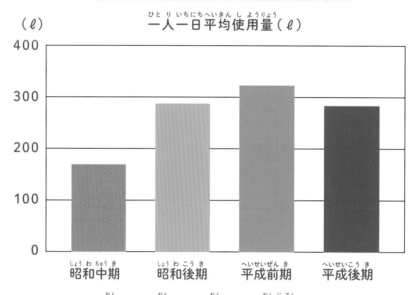

生活用水の使用量

一人一日平均使用量（ℓ）

（ℓ）

※それぞれ、1965年、1985年、2000年、2014年時点でのデータです。
（出典：国土交通省水資源部作成資料、1965年の値のみ厚生労働省「水道統計」）

昭和時代に水道が
日本全国の家庭に広まって、
使用量がどんどん増えたんだね。

少しずつだけど、
水の使用量は減ってきているね。
これは、節水できるトイレが
できたことなども理由の1つかもね。

Q ふだんのくらしで、どんな節水ができるかな？
節水の工夫を考えてみよう。

お風呂、トイレ、洗面所、洗濯、キッチンなど、
ふだんのくらしの中でできる節水アイデアは、たくさんあります。

お風呂

・シャワーを出しっぱなしにしないで、こまめに止めて使うと、水をムダにしなくてすむよ。
・お風呂につかったときにお湯があふれないように、ためるお湯の量を減らしたらいいね。

トイレ

・大と小のレバーを使い分ければ、節水できるね。

洗面所

・歯磨きするときは、水を流しっぱなしにせず、コップに必要な水だけ入れて口をすすぐといいよ。

洗濯

・お風呂にためたお湯を洗濯に再利用することができるよ。

電気のうつりかわり

人々をおどろかせた電気

明治時代、はじめて日本に電気がやってきました。西洋館である鹿鳴館は、日本ではじめて電気がついた建物です。

店や家に届いた電気

工場やお店にも電気が通り、機械やエレベーターなどが使えるようになりました。東京では家庭にも電気が行き渡りました。

電気の登場

明治15年に東京の銀座に電灯が登場すると、めずらしさのあまり、多くの人々がつめかけました。
電源には発電機が使われていました。電灯の評判が日本中に広まり、全国各地に電力会社が誕生しました。

昭和時代

電気で生活がかわる

生活を豊かにする電化製品が次々と登場し、電気は生活に欠かせないものになりました。

平成時代

家でも発電する時代

家の屋根にソーラーパネルをつけ、自宅でも電気をつくることができるようになりました。

つながる電化製品

電気は、生活する上でなくてはならない存在。灯りも料理も洗濯も電気がないとできません。最近では電化製品どうしがインターネットでつながり、スマートフォンで家の電気をつけたり、外出先から炊飯器のスイッチを入れたりすることができます。

ガスのうつりかわり

明治時代

ガス灯が初登場

明治4年、日本初の街灯であるガス灯が登場。夕ぐれ時になるとガス栓を開き、火をつけてともしました。

明治時代

日本中へ広まるガス

明治30年代には、全国各地にガス会社が設立され、家庭で米を炊くガスかまどなどを使うようになりました。

ガス灯を管理する点消方

当時のガス灯は、ガスが噴き出しているところに火を近づけて直接点火するもの。そのため点消方という専門の職業がありました。

点消方は、一人あたり50〜100本のガス灯を受け持ち、夕方にガス灯をともして朝に消していました。

昭和時代

平成時代〜

▎家庭でガスが当たり前に▎

料理やお風呂にガスを使うようになった時代。ガスを使った調理器具や、ガスでお湯をわかすお風呂が広まりました。

▎進化する安全を守る設備▎

ガスは火災などの原因になることも。最新のガスメーターにはコンピュータが入っていて、地震があったときなど、自動でガスを止めてくれます。

これからのガス

　ガスの燃料といえば、昔は石炭や石油でしたが、現在は天然ガスへとかわってきています。
　天然ガスは不純物が少なく、世界各地に埋蔵されているため、次世代を担うエネルギーとして注目されています。

電気やガスについて

電気やガスは、人々が生活する上でなくてはならないエネルギーです。
下のグラフは、一つの家族（一世帯）あたりの電力の消費量を表しています。
グラフから読み取れることはなんでしょうか？

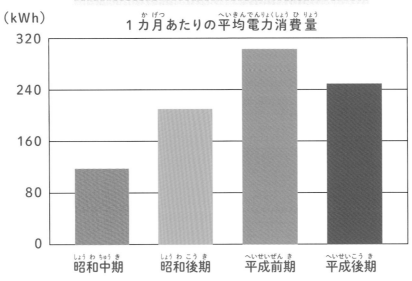

一世帯あたりの電力消費量

（kWh）
１カ月あたりの平均電力消費量

320	
240	
160	
80	
0	昭和中期　昭和後期　平成前期　平成後期

※それぞれ、1970年、1985年、2000年、2015年時点でのデータです。
（出典：電気事業連合会）

昭和時代に電化製品が家庭で使われる
ようになったから、電気の消費量も
だんだん増えていったみたいだね。

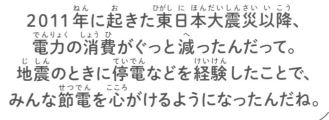

2011年に起きた東日本大震災以降、
電力の消費がぐっと減ったんだって。
地震のときに停電などを経験したことで、
みんな節電を心がけるようになったんだね。

Q 省エネについて、みんなができることを考えてみよう。

家の中でできること、まちでできること、思いついたことをあげてみよう。

家の中でできること

・人のいない部屋の電気は、こまめに消そう。
・冷蔵庫のとびらは、必要なときだけ短時間あけるようにしよう。
・夏にクーラーを使うときは、設定温度を28℃にしよう。
・使わない電化製品のコンセントはぬいておこう。

まちでできること

・エレベーターに乗らず、階段を使うようにしよう。
・でかけるときは、できるだけ車に乗らず、電車・バスなど公共交通機関を利用しよう。

ゴミ処理のうつりかわり

明治時代

■ まとめて捨てていた時代

明治時代中期は、「塵芥箱」という木でできたふた付きのゴミ箱に、ゴミを捨てていました。

昭和時代前期

■ ゴミを燃やすように

昭和時代、戦争後にバケツや大八車を使って地域のゴミを集め焼却するようになりました。

住民をなやませたゴミの収集

　昭和時代中期、それぞれの家のゴミを集める作業は、人が手車で行っていました。手車とは、木でできた人の手で動かす車のことです。

　手車にはハエや蚊がたくさん集まってしまうので、伝染病が広がる原因になることもありました。

昭和時代中期

埋められるゴミ

全国にゴミ処理場ができ、ゴミを燃やしたあとに残った灰や、燃やすこともリサイクルもできないゴミを埋めていました。

平成時代

最新のゴミ処理施設

焼却炉の性能が高くなり、それまでは燃やせなかったゴミも燃やせるようになりました。

清潔なくらしを守るゴミ収集車

　現在では、ゴミ収集車が各地域をまわり、曜日ごとに決められたゴミを集めて処分場へ持っていきます。

　また、多くの人がゴミをできるだけ少なくするように工夫するようになりました。

ゴミ リサイクルのうつりかわり

江戸時代

日本橋

できるだけ再利用

江戸時代までは、こわれた物や使わなくなった物も、捨てずに再利用していました。それでも捨てるゴミは、埋めて処分していました。

昭和時代

ゴミ収集車の登場

ゴミ収集車が使われるようになり、昭和時代後期にはゴミの分別回収がはじまりました。

江戸の徹底したリサイクル

江戸時代、人々はゴミをできるだけ少なくして、物持ちのいいくらしをしていました。

古着屋、古傘買い、瀬戸物焼継など、リサイクルやこわれた物の修理を仕事にする人もたくさんいました。

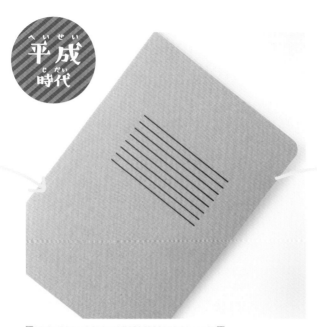

リサイクルするように

紙
かみ
やペットボトルなどは、資源
しげん
として再利
さいり
用
よう
するようになりました。再生紙
さいせいし
のノート
などexも使
つか
われるようになりました。

ゴミになる物
もの
を持
も
たない時代
じだい
へ

洋服
ようふく
や自転車
じてんしゃ
などの物
もの
を買
か
わずに使
つか
いたい
ときに借
か
りるサービスが流行
りゅうこう
し、ゴミにな
るものを、そもそも持
も
たない工夫
くふう
が増
ふ
えて
きています。

資源
しげん
をムダにしないために

買
か
いすぎた食品
しょくひん
を食
た
べきれず、捨
す
て
てしまうことを「食品
しょくひん
ロス」といいま
す。買
か
うときは、食
た
べきれる量
りょう
だけを
買
か
うようにしましょう。

また、買
か
い物
もの
にいくときは買
か
い物
もの
バッグを持
も
っていきます。そうすると、
レジぶくろをもらわなくてすむので、
ゴミを減
へ
らすことができます。

考えてみよう

ゴミについて

どんな生活をしていても、必ずゴミが出ます。
下のグラフは、一日で一人が出すゴミの量のグラフです。
ゴミの量がどのようにうつりかわっているのか見てみましょう。

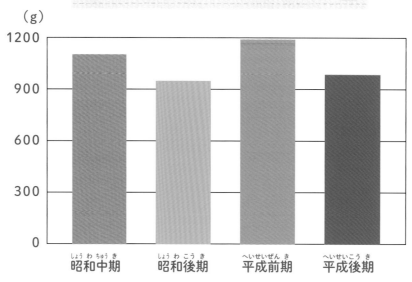

一日で一人が出すゴミの量

※それぞれ1972年、1985年、2000年、2010年時点でのデータです。
（出典：環境省 環境統計・調査結果等 環境統計集）

一人が一日に出すゴミの量は約1kgだといわれているんだって。

平成後期になってゴミの量が減っているのは、リサイクルされているからだね。

Q ゴミを減らすためにできることは何かな？

買い物や、日々の生活を見直してみよう。

買い物のときにできること

- レジぶくろをもらわずに、自分の買い物バッグを持っていくといいね。
- 必要のないものは買わないし、もらわないようにしよう。
- 食べきれる分だけ買おう。量り売りやバラ売りなどを利用するといいね。
- なるべくつめかえ商品を買おう。つめかえ商品を買えば、ごみが減るよね。

家でできること

- こわれても直して使おう。古くなったからといってすぐに捨ててしまうのではなく、江戸時代の人たちみたいに、修理したりリメイクしたりして大事に使えるといいね。
- 賞味期限や消費期限のうちに食べきれるようにすれば、あまった食べ物を捨てずにすむよ。

警察のうつりかわり

江戸時代

■ 警察のはじまり ■

江戸時代は、「町奉行所」という役所が、まちの困りごとを解決する、警察、消防にかかわるすべての仕事をしていました。

明治時代前期

■ 全国に警察が置かれる ■

明治時代、「らそつ」とよばれる警察官3000人が東京に置かれました。「らそつ」は身分が高く、武士の家の人がほとんどでした。

昔の警察

いちばんえらい人は「町奉行」というお役人で、その下に「与力」や「同心」とよばれるお役人がいました。

さらにその下に「岡っ引き」とよばれる人がおり、まちの安全を守る活動していました。

昭和
時代
中期

戦後大きくかわった警察のしくみ

戦争が終わると、警察本部が都道府県ごとに置かれました。それぞれ犯罪を取りしまって、地域の人々の安全を守りました。

平成
時代〜

新しい犯罪と警察

時代によって犯罪の種類はかわります。平成時代以降、インターネットを使った犯罪や、お年寄りを狙った詐欺が増えたので、警察は新しい対策を常に考えています。

あぶない!! とびだし

警察官のさまざまな仕事

警察官の活動は、ふだんは刑事や交通係などの専門の仕事にわかれて行われています。しかし、大きな事件や事故が起きたときには、みんなで力を合わせて解決します。

事件解決のほかに、学校などで交通安全指導をしたり、犯罪を防ぐための活動をしたりしています。

消防のうつりかわり

火消しが活躍

火が隣の家に燃えうつらないように、「まとい」という大きな旗を持った人の合図で火消しが建物を壊しました。

警察と協力して消火

戦争中は、空しゅうによる火事を消すために警防団という組織ができました。警察官の指示のもとで、協力して消火をしました。

江戸のまちを守るめ組

　江戸時代、火消したちは「い組、ろ組、め組」など、ひらがな一文字の名前がついたチームで消火作業をしました。

　火消したちは、半てんという厚い着物の上着を着て、水をかぶって火の粉を防ぎ、消火作業をしました。

昭和時代後期

まちによりそう消防団

戦後、消防は警察とは別の組織になり、市町村のもとで管理され、消防団としてまちで起きた火災などに対応しました。

平成時代〜

少しでも早く火を消すために

消防署では、高層ビル火災やトンネル火災にそなえてさまざまな消防自動車を導入しています。

すばやくかけつけてくれる消防

日本では、119番通報すると消防車や救急車を出動させたり、コントロールしたりする災害救急情報センターなどの司令室につながります。

この司令室のおかげで、災害現場にすばやくかけつけられるのです。

水害対策のうつりかわり

江戸時代
えど　じだい

大名による工夫
だいみょう　　　くふう

江戸時代までは、大名などが土を高くもる
よう、まちの人々に命令し、川の水が領地
に流れないような工事をしていました。

明治時代
めいじ　じだい

川に築かれた堤防
かわ　きず　　　ていぼう

明治時代には、川の曲がりをなくし、川幅
を広げるなどして、大雨のときに水があふ
れないよう、堤防をつくりました。

水害ってなに？
すいがい

水害とは、大雨や台風によ
るはげしい雨で起きる災害の
ことです。

大雨などによって石や土砂
が一気におし流される「土砂
災害」や、川から水があふれ
てはんらんする「洪水」、住宅
や農地が水につかる「浸水」な
どがあります。

昭和
時代

平成
時代〜

▌水をせき止めるダム▐

昭和時代になると、ダムで水を止めて少しずつ流すことで、川下の地域の洪水をふせぐ方法がとられました。

▌どんな洪水にも耐えられるように▐

政府は、どんな洪水にも耐えられる堤防の整備を進めています。東京・大阪などで計画されています。

首都圏外郭放水路

　首都圏の地下には、洪水になりそうなときに水を逃がすための巨大なトンネルがあります。
　深さは、約70メートル。アメリカの自由の女神像がすっぽり入るほどの大きさで、まちの安全を守っています。

地震対策のうつりかわり

江戸
えど
時代
じだい

とくに対策がなかった時代

江戸時代には、安政の大地震という地震がありました。地震の対策はほとんどなく、木造の家が倒れたり、火が燃えうつって大火事になったりしました。

大正
たいしょう
時代
じだい

火事を減らすために

関東大震災とよばれる地震がありました。このときも火事が多く、それ以降、燃えにくい素材で家をつくるなど工夫しました。

地震大国、日本

火山が多く、地震が起きやすい地形をしている日本。
江戸時代に大地震が起きたという資料が残っています。幕府やまちの人々は、家の倒壊や火事だけでなく食料不足にもなやまされていたといいます。

昭和
時代〜

平成
時代〜

地震に耐えられる家に

家の柱を丈夫にしたり鉄で補強したりして、地震に耐えられる家づくりをするようになりました。

ゆれを伝えない工夫

近年は、「免震」という技術が発達しています。家と地面の間に装置をつけて、地震のゆれが家に伝わらないようにしています。

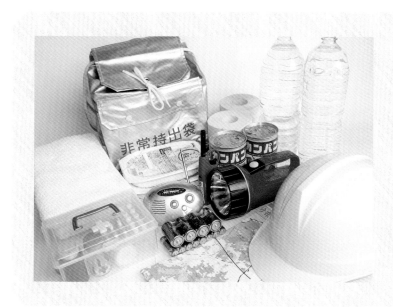

いつか起きる大地震に備える

日本では、2018年には1年間で2179回もの地震が起きていたという結果があります。

家具が倒れないようにしたり、避難場所を知って確認したりするなど、ふだんからできる準備をする必要があります。

防災について
ぼうさい

日本ではたくさんの自然災害が起きますが、どんな自然災害が多くて、
どれだけの被害があるのでしょうか。下のグラフは、日本で起きた
自然災害の数と、その被害額の割合を示したものです。

日本で起きた自然災害の数と その被害の金額の割合
にほん　おきた　しぜんさいがい　かず
ひがい　きんがく　わりあい

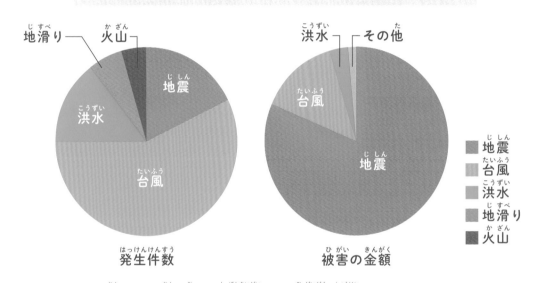

発生件数
はっけんけんすう

被害の金額
ひがいきんがく

凡例：
地震（じしん）
台風（たいふう）
洪水（こうずい）
地滑り（じすべ）
火山（かざん）

※1985年〜2018年に起きた自然災害とその被害額を集計しています。
（出典：ルーバン・カトリック大学疫学研究所災害データベースより中小企業庁作成資料）

いちばん多く起こっている災害は台風だけど、
被害の金額がいちばん大きいのは
地震だね。どうしてだろう？

地震では、家が倒れたり
火事が起きたりするから、
被害の金額が大きくなるんだよ。

Q みんなができる防災について考えてみよう。

地震や豪雨などの自然現象は、人の力で止められません。
それでも、災害による被害は自分たちの努力で減らすことができます。

家の中でできること

・家の中の危ない部分を見つけよう。地震が起きると、テレビやタンスが自分の上に倒れてくるかもしれないね。倒れてきた家具の下敷きになってしまわないために、家具を固定するなどの工夫をしたほうがいいよ。
・災害が起きたときは、テレビ、ラジオ、スマホなどを使って情報を集めよう。

まちでできること

・情報発信の方法を知っておくといいよね。災害が起きたとき、周りの人に伝言をするための電話番号があるんだよ。
・自分の家はもちろん、学校や職場の近く、通学途中にある避難所を、家族みんなで確認しておこう。
・防災マップという、大地震、津波、洪水などの災害が起きたときの被害の様子や、避難・救援活動に必要な情報が書いてある地図を知っていると対応できるね。

年表の書き方

テーマ例やまとめの書き方を参考に、
好きなテーマを選んで年表をつくってみましょう。

まちを支えるしくみのうつり

テーマ例

・水道のうつりかわり
・ガスのうつりかわり
・警察のうつりかわり

まとめの書き方①

わかったことでとくに重要だと思ったことや、自分が思ったこと、気づいたことを書きましょう。

まとめることがら　　時代	明治・大正時代
電気 のうつりかわり	 電気が日本にやってきた。まちの電灯を見にたくさんの人が銀座を訪れた。
ゴミ処理 のうつりかわり	 木でできた塵芥箱というふた付きのゴミ箱にゴミを捨てていた。
まとめ わかったこと、気づいたこと	・電気がなかった時代の生活がどんな感じだったのか気になる。 ・はじめて電気を見た人々は、かなり驚いたと思う。

時代の選び方

まとめるテーマに合わせて考えましょう。例えば、電気のうつりかわりがテーマなら、電気が使われはじめた時期をもとに、明治時代、昭和時代などと決めていきましょう。

かわりをまとめてみよう

年表の書き方

テーマを決めたら、書きたい内容を本の中から探しましょう。イラストや写真を見て、同じように絵を書いてみてください。
3つの枠がうまらないときは、インターネットなどでしらべてみてもいいです。この本を参考にして、自分の住むまちの様子をしらべてまとめられたら、さらによいですね。

昭和時代	平成・令和時代
 テレビや洗濯機、掃除機など、電化製品が各家庭で使われるようになった。	 ソーラーパネルがついた家が登場し、自宅で発電できるようになっている。
 燃やせないゴミや、燃やしたあとの灰を埋めていた。	 技術が進歩したことで、それまで燃やせなかったゴミを燃やせるようになった。
・テレビがなかったときは、どうやって家で過ごしていたんだろう。 ・自分の家の近くにも埋め立て地があるかしらべてみたい。	・自分の家で電気がつくれたら、停電したときも安心だと思う。 ・ソーラーパネルの他にどんな発電方法があるのかしらべたい。 ・ゴミが減るように努力していてすごい。

まとめの書き方②

上で書いた変化によって、人々のくらしがどうかわったかを考えて書きましょう。

37

まちを支えるしくみのうつり

まとめることがら　　　時代	明治・大正時代	
電気 のうつりかわり	 電気が日本にやってきた。まちの電灯を見に たくさんの人が銀座を訪れた。	
ゴミ処理 のうつりかわり	 木でできた塵芥箱というふた付きのゴミ箱に ゴミを捨てていた。	
まとめ わかったこと、気づいたこと	・電気がなかった時代の生活がどんな感じ 　だったのか気になる。 ・はじめて電気を見た人々は、かなり驚いた 　と思う。	

かわりをまとめてみよう

昭和時代（しょうわじだい）	平成・令和時代（へいせい・れいわじだい）
 テレビや洗濯機（せんたくき）、掃除機（そうじき）など、電化製品（でんかせいひん）が各（かく）家庭（かてい）で使（つか）われるようになった。	 ソーラーパネルがついた家（いえ）が登場（とうじょう）し、自宅（じたく）で発電（はつでん）できるようになっている。
 燃（も）やせないゴミや、燃（も）やしたあとの灰（はい）を埋（う）めていた。	 技術（ぎじゅつ）が進歩（しんぽ）したことで、それまで燃（も）やせなかったゴミを燃（も）やせるようになった。
・テレビがなかったときは、どうやって家（いえ）で過（す）ごしていたんだろう。 ・自分（じぶん）の家（いえ）の近（ちか）くにも埋（う）め立（た）て地（ち）があるかしらべてみたい。	・自分（じぶん）の家（いえ）で電気（でんき）がつくれたら、停電（ていでん）したときも安心（あんしん）だと思（おも）う。 ・ソーラーパネルの他（ほか）にどんな発電方法（はつでんほうほう）があるのかしらべてみたい。 ・ゴミが減（へ）るように努力（どりょく）していてすごい。

監修　澤井 陽介　さわい ようすけ

国士舘大学教授。大学卒業後、民間企業を経て東京都で小学校教諭に。のち、教育委員会指導主事、副参事、平成21年4月から文部科学省教科調査官、視学官を経て、平成30年から現職。主な著書は、『学級経営は「問い」が9割』『授業の見方』『教師の学び方』（以上、いずれも東洋館出版社）、『小学校 社会 指導スキル大全』『「見方・考え方」を働かせて学ぶ社会科授業モデル』（以上、いずれも明治図書）他

イラスト
イケウチリリー

デザイン
小林沙織（サバデザイン）

原稿執筆
飯田真由美

編集・制作協力
ナイスク http://naisg.com
（松尾里央、高作真紀、藤原祐葉、安達文予）

写真協力
国立国会図書館デジタルコレクション
成田国際空港株式会社
東京ガス GAS MUSEUM がす資料館
しながわWEB写真館
東京消防庁
PIXTA

しらべてまとめる
まちとくらしのうつりかわり
③水道、ゴミ処理、消防ほか

2020年3月　初版第1刷発行

監修　澤井陽介

発行者　小安宏幸

発行所　株式会社汐文社
　　　　〒102-0071　東京都千代田区富士見1-6-1
　　　　電話 03-6862-5200
　　　　ファックス 03-6862-5202
　　　　URL https://www.choubunsha.com

印刷　新星社西川印刷株式会社

製本　東京美術紙工協業組合

ISBN　978-4-8113-2706-8